RÉPUBLIQUE FRANÇAISE

DÉPARTEMENT DU RHÔNE

RÈGLEMENT GÉNÉRAL

SUR LES

CHEMINS RURAUX

LYON

IMPRIMERIE SCHNEIDER FRÈRES

12, quai de l'Hôpital, 12

1883

RÈGLEMENT GÉNÉRAL

SUR LES

CHEMINS RURAUX

LYON

IMPRIMERIE SCHNEIDER FRÈRES

12, quai de l'Hôpital, 12

1883

RÉPUBLIQUE FRANÇAISE

DÉPARTEMENT DU RHONE

RÈGLEMENT GÉNÉRAL

SUR LES

CHEMINS RURAUX

Le PRÉFET du département du Rhône, Officier de la Légion d'honneur et de l'Instruction publique,

Vu l'article 8 de la loi du 20 août 1881 ;

Vu la délibération du Conseil général, en date du 6 avril 1883,

A ARRÊTÉ ET ARRÊTE CE QUI SUIT :

TITRE Ier.

Dispositions préliminaires.

Article premier.

Les dispositions du présent règlement ne s'appliquent qu'aux chemins ruraux reconnus. Elles ne sont pas applicables aux rues formant le prolongement de ces chemins.

TITRE II.

Reconnaissance.

Art. 2.

Le plan qui doit être annexé à l'état de reconnaissance et doit, avec cet état, servir de base à l'enquête prescrite par l'art. 4 de la loi du 20 août 1881, comprendra le nombre nécessaire de feuilles ou de sections. Il sera coté et dressé suivant une échelle assez grande pour permettre d'y indiquer les détails ci-après, qui devront y être soigneusement consignés : longueurs partielles et totale de chaque chemin, différentes largeurs, détail de toutes les parcelles riveraines, avec numéros du cadastre et noms des propriétaires, lignes d'opération se rattachant à des points de repère invariables.

Un croquis d'ensemble du territoire de la commune indiquant, par des lignes de différentes couleurs, les routes nationales et départementales, les chemins vicinaux de grande et moyenne communication, les chemins vicinaux ordinaires et les chemins ruraux sera joint, pour l'enquête, au plan parcellaire et à l'état de reconnaissance, et sera soumis, avec ces documents, à la Commission départementale.

Lorsque, après la décision de la Commission départementale, le plan parcellaire qu'elle aura visé ne sera pas affiché en même temps que l'état annexé à l'arrêté de reconnaissance, l'affiche de l'arrêté portera que le plan est déposé à la mairie, où chacun pourra le consulter.

TITRE III.

Confection des rôles de prestations.

Art. 3.

L'état matrice des contribuables soumis à la prestation vicinale servira à la rédaction du rôle des contribuables soumis à la journée de prestation votée en faveur des chemins ruraux reconnus.

Art. 4.

Le rôle préparé, arrêté et certifié par le directeur des Contributions directes, présentera les mêmes dispositions que celui concernant les prestations des chemins vicinaux. Le détail d'évaluation de chaque espèce de journées résultera de l'application du tarif adopté par le Conseil général pour la vicinalité.

Il sera rendu exécutoire par le Préfet.

Si un rôle supplémentaire est reconnu nécessaire, il sera dressé de la même manière que le rôle primitif.

Art. 5.

Indépendamment du rôle, le Directeur des Contributions directes préparera les avertissements aux contribuables.

Ces avertissements comprendront tous les détails portés au rôle ; ils indiqueront la date de la délibération du Conseil municipal, ainsi que celle de la décision rendant le rôle exécutoire, et contiendront une mise en demeure aux contribuables de déclarer, dans le délai d'un mois à dater de la publication du rôle, s'ils entendent se libérer en nature, avec avis qu'à défaut de déclaration leur cote sera de droit exigible en argent.

Art. 6.

Au fur et à mesure de leur rédaction, et de manière que la publication du rôle ait lieu au plus tard le 1er novembre, le Directeur transmettra le rôle et les avertissements au Préfet qui les fera parvenir, par l'entermédiaire du Trésorier payeur général, au Receveur municipal.

Ce dernier remettra immédiatement le rôle au Maire de la commune, qui devra en faire la publication à l'époque fixée au paragraphe précédent et dans les formes prescrites pour les rôles des Contributions directes. Aussitôt après cette publication qui sera certifiée par le Maire sur le rôle même, le Receveur municipal fera parvenir sans frais les avertissements aux contribuables.

Art. 7.

Si le Maire négligeait ou refusait de faire la publication du rôle, ainsi que de recevoir les déclarations d'option dont il va être parlé, le Préfet y ferait procéder par un délégué spécial, en vertu de l'art. 15 de la loi du 18 juillet 1837.

Art. 8.

Les déclarations d'option seront reçues par le Maire et inscrites immédiatement, et à leur date, sur un registre spécial ; elles seront constatées, soit par la signature du déclarant, soit par une croix apposée par lui en présence de deux témoins, soit par l'annexion au registre du bulletin d'option rempli, daté, signé par le contribuable et envoyé au Maire après avoir été détaché de la feuille d'avertissement.

A défaut de l'accomplissement de ces formalités, la cote sera exigible en argent.

Art. 9.

A l'expiration du délai d'un mois fixé par l'art. 5, le registre des déclarations sera clos par le Maire, puis transmis au Receveur municipal, qui le vérifiera et en annotera les indications dans une colonne spéciale du rôle.

Art. 10.

Dans la quinzaine qui suivra, le Receveur municipal dressera et enverra au Préfet, pour être transmis au Maire, un extrait du rôle comprenant, suivant l'ordre des articles, le nom de chacun des contribuables qui aura déclaré vouloir s'acquitter en nature, ainsi que le nombre des journées d'hommes, d'animaux et de charrois qu'il devra exécuter, et le montant total de sa cote.

Cet extrait du rôle sera totalisé et certifié exact par le Receveur municipal; il comportera le résumé des cotes inscrites au rôle et l'indication du total des cotes exigibles en argent par suite de non-déclaration d'option. — Le Receveur municipal joindra à cet extrait un état comprenant, pour chacune des communes de sa perception, le montant total du rôle et sa division en nature et en argent, d'après les déclarations d'option.

Art. 11.

Il sera alloué au Directeur des Contributions directes trois centimes et demi par article pour la rédaction des rôles de prestation, l'expédition des avertissements et la fourniture des imprimés nécessaires pour ces pièces.

Les remises seront acquittées sur les ressources communales, et leur montant sera centralisé à la caisse du Trésorier-Payeur général, au compte des cotisations municipales.

TITRE IV.

Exécution des travaux.

Dispositions générales.

Art. 12.

Les travaux des chemins ruraux sont effectués sous l'autorité du Maire, chargé d'assurer, de surveiller et de constater leur bonne exécution.

Tous les agents employés au service de ces chemins sont sous ses ordres.

SECTION Iʳᵉ.

Prestations en nature.

Art. 13.

Les travaux de prestations seront exécutés du 1ᵉʳ mars au 15 novembre.

S'il devenait nécessaire de changer ces époques, les modifications feraient l'objet d'un arrêté spécial du Préfet, rendu sur la demande du Maire et l'avis du Conseil municipal.

Les prestations devront être effectuées dans l'année pour laquelle elles ont été votées.

Les fermiers ou colons qui, par suite de fin de bail, devraient quitter la commune avant l'époque fixée pour l'emploi des prestations, pourront être admis à effectuer leurs travaux avant leur départ.

§ 1ᵉʳ. — *Prestations à la journée.*

Art. 14.

La durée du travail des prestataires, des bêtes de somme et de trait, est fixée au minimum de 10 heures par jour, non compris les heures de repas et de repos.

Lorsque les prestataires seront appelés hors des limites de la commune à laquelle ils appartiennent et à plus de 4 kilomètres, le temps employé à l'aller et retour, pour parcourir les distances excédant la limite fixée, sera compté comme passé sur l'atelier.

Art. 15.

Le Maire déterminera :

1° La répartition des travailleurs entre chaque chemin ;
2° Les jours d'ouverture et de clôture des travaux de prestations pour chaque chantier.

Il dressera pour chaque chemin un état indiquant les prestataires qui y seront appelés et les travaux qui leur seront demandés.

Art. 16.

Cinq jours au moins avant l'époque fixée pour l'ouverture des travaux, le Maire fera remettre à chaque contribuable soumis à la prestation un bulletin, signé de lui, portant réquisition de se rendre, muni des outils indiqués, tel jour et à telle heure sur tel chemin.

Art. 17.

Lorsqu'un prestataire sera empêché par maladie ou tout autre motif grave, de se rendre sur le chantier, il devra le faire connaître au moins dans les vingt-quatre heures qui précéderont le jour fixé pour l'exécution des travaux.

En ce cas, le Maire remettra la prestation à une autre époque qui sera fixée d'après la nature de l'empêchement.

Art. 18.

Le Maire désignera, pour la surveillance spéciale des travailleurs sur chaque chantier, une personne présentant des garanties suffisantes.

Art. 19.

L'état d'indication des travaux à faire et des prestataires convoqués sera remis au surveillant, qui fera l'appel de ces prestataires sur le lieu indiqué dans le bulletin de réquisition, marquera les absents et tiendra note de l'emploi des journées effectuées.

Art. 20.

Chaque prestataire devra porter sur l'atelier les outils qui lui auront été indiqués dans le bulletin de réquisition.

Les bêtes de somme et les bêtes de trait seront garnies de leurs harnais, les voitures seront attelées et accompagnées d'un conducteur.

Ce conducteur ne sera astreint à travailler avec les autres ouvriers commis au chargement qu'autant que le propriétaire de la voiture sera imposé pour des journées d'homme. Dans ce cas, seulement, la journée du conducteur sera comptée en acquit de celles à fournir par le propriétaire.

Art. 21.

Les prestataires pourront se faire remplacer, pour leur personne et celle des membres de leur famille, par des ouvriers à leurs gages.

Les remplaçants seront valides, âgés de dix-huit ans au moins et de soixante au plus. Ils devront être agréés par le surveillant des travaux, sauf appel au Maire de la commune.

Les prestataires en nom restent responsables du travail de leurs remplaçants.

Art. 22.

Le prestataire devra fournir la journée de prestation tout entière et sans interruption, sauf les cas exceptionnels autorisés par le Maire.

Si le mauvais temps exigeait la fermeture du chantier, il ne sera tenu compte que des journées ou fractions de journées effectuées, et les contribuables seront tenus de compléter plus tard leurs prestations.

Art. 23.

La journée de prestation ne sera réputée acquitée que si le surveillant reconnaît qu'elle a été convenablement employée. Dans le cas contraire, il ne sera tenu compte au prestataire que de la fraction de journée répondant au temps pendant lequel il aura travaillé.

Le surveillant indiquera, à la fin de chaque jour, au dos du bulletin de réquisition, le nombre et l'espèce de journées ou de fractions de journées dont le prestataire devra être acquitté. Il certifiera en même temps cet acquit dans la colonne d'émargement de l'état d'indication qui lui aura été remis.

Les difficultés qui pourraient s'élever seront résolues par le Maire, sauf recours devant l'autorité compétente.

Art. 24.

Lorsque les prestations seront terminées, le surveillant remettra l'état d'indication émargé au Maire, qui fera la réception des travaux, en inscrira le décompte sur la dernière page de l'état d'indication, et enverra l'extrait de rôle, après l'avoir émargé, au Receveur municipal chargé d'opérer ensuite le recouvrement des journées ou portions de journées restant dues.

§ 2. — *Prestations à la tâche.*

Art. 25.

Lorsque le Conseil municipal d'une commune aura adopté un tarif pour la conversion des journées de prestation en tâches, le Maire décidera si ce tarif sera appliqué à tout ou partie des travaux de prestation.

Le Maire fixera les délais d'exécution des travaux et la répartition des tâches à faire sur chaque chemin par les prestataires. Il dressera les états d'indication des travaux à effectuer par chaque prestataire.

Art. 26.

Le Maire adressera à chaque contribuable soumis à la prestation en tâches un bulletin de réquisition indiquant les travaux à effectuer ou les matériaux à fournir, ainsi que le délai dans lequel ces tâches devront être exécutées. Le détail et l'emplacement des travaux à faire seront inscrits sur le bulletin et indiqués sur le terrain par les soins du Maire ou de l'Agent préposé à cet effet.

Art. 27.

La réception des travaux en tâches sera faite par le Maire, soit au fur et à mesure de l'avancement des travaux, soit à l'expiration du délai fixé pour leur achèvement. Le prestataire sera convoqué pour cette réception. Il ne sera complètement libéré que si les travaux satisfont, pour la quantité et la qualité, aux conditions du tarif de conversion en tâches. Dans le cas contraire, sa cote ne sera acquittée que pour la valeur des travaux effectués. La retenue à faire pour mettre les travaux en état de réception sera déterminée par le Maire, sauf recours devant l'autorité compétente.

Le Maire, après avoir inscrit sur la dernière page des états d'indication le décompte résumé des travaux effectués, émargera les cotes ou parties de cotes acquittées sur l'extrait de rôle, et l'enverra au Receveur municipal, chargé d'opérer ensuite le recouvrement des cotes ou parties de cote restant dues.

SECTION II.

Travaux à prix d'argent.

§ Ier. — *Dispositions générales.*

Art. 28.

Les travaux à prix d'argent seront exécutés par voie d'adjudication.

Toutefois, il pourra être traité de gré à gré, sur série de prix ou à forfait, avec l'autorisation du Préfet :

1° Pour les ouvrages et fournitures dont la dépense n'excéderait pas 3,000 francs ;

2° Pour ceux dont l'exécution ne comporterait pas les délais d'une adjudication ;

3° Pour ceux qui, par leur nature ou leur spécialité, exigeraient des conditions particulières d'aptitude de la part de l'entrepreneur ;

4° Enfin, pour ceux dont la mise en adjudication n'aurait pas abouti, comme il sera expliqué ci-après.

Les travaux pourront aussi, sur l'avis favorable du Conseil municipal, avec l'autorisation du Préfet, être effectués par voie de régie, soit en cas d'urgence, soit lorsque les autres modes d'exécution auront été reconnus impossibles ou moins avantageux. L'autorisation du Préfet ne sera pas nécessaire toutes les fois que la dépense en argent ne dépassera pas 300 francs.

Art. 29.

Les projets se composeront, suivant l'importance et la nature des travaux à effectuer, des pièces indiquées au programme annexé à l'instruction générale sur les chemins vicinaux.

Tous les projets seront approuvés par le Préfet, sauf dans le cas prévu à l'art. 1er de la loi du 24 juillet 1867 sur les Conseils municipaux.

Art. 30.

Les devis ou cahiers des charges des adjudications et des marchés de gré à gré contiendront toujours la condition que les soumissionnaires seront assujettis aux clauses et conditions générales imposées aux entrepreneurs de travaux des chemins vicinaux.

§ 2. — Formes à suivre pour les adjudications.

Art. 31.

Les adjudications seront passées soit dans la commune de la situation des travaux, soit au chef-lieu de canton ou à la Sous-Préfecture. Le bureau se composera du Maire, président, et de deux Conseillers municipaux. Le Receveur municipal assistera à ces adjudications.

L'absence des personnes ci-dessus désignées, autres que le Président, et dûment convoquées, n'empêchera pas l'adjudication.

Art. 32.

Les adjudications seront annoncées au moins vingt jours à l'avance par des affiches placardées tant au chef-lieu du département que dans les principales communes de l'arrondissement et dans celles où seront situés les travaux. Elles pourront être portées à la connaissance des entrepreneurs par tous les moyens de publicité.

Les affiches indiqueront sommairement :

Le lieu, le jour, l'heure et le mode fixés pour l'adjudication et le dépôt des soumissions ;

Le fonctionnaire chargé d'y procéder ;

La nature des travaux, le montant de la dépense prévue et du cautionnement à fournir, le lieu où l'on pourra prendre connaissance des pièces du projet ;

Enfin, le modèle des soumissions.

Dans le cas d'urgence, le délai de vingt jours ci-dessus indiqué pourra être réduit par le Préfet, sans jamais être inférieur à dix jours.

Art. 33.

Les adjudications se feront au rabais et sur soumissions cachetées ; le rabais s'appliquera, non au montant total du devis, mais au prix de la série servant de base aux évaluations. Dans le cas où il serait nécessaire de fixer préalablement un minimum de rabais, ce minimum sera déterminé par le Président, sur l'avis du bureau, et déposé sous enveloppe cachetée, sur le bureau, à l'ouverture de la séance.

Art. 34.

Les soumissions seront toujours placées seules dans une enveloppe cachetée portant la désignation des travaux et le nom de l'entrepreneur. Cette première enveloppe formera, avec les certificats de capacité, s'ils sont exigés, et les pièces constatant le versement du cautionnement ou un engagement valable de le fournir, un paquet également cacheté portant aussi la désignation des travaux.

Tous les paquets déposés par les concurrents seront rangés sur le bureau par le président, et recevront un numéro d'ordre.

Art. 35.

A l'instant fixé par l'affiche, le premier cachet de chaque paquet sera rompu publiquement, et il sera dressé un état des pièces qui s'y trouveront renfermées. Le public et les concurrents se retireront de la salle d'adjudication, et le bureau, après avoir pris l'avis du comptable présent, arrêtera la liste des concurrents agréés. En cas de partage dans le vote du bureau, la voix du président sera prépondérante; il en sera de même pour toutes les questions qui pourraient être soulevées pendant l'adjudication.

Art. 36.

Immédiatement après, la séance redeviendra publique, et le président fera connaître les concurrents agréés. Les soumissions présentées par ces derniers seront ouvertes publiquement. Toute soumission non conforme au modèle indiqué par les affiches sera déclarée nulle.

Les concurrents qui ne sauraient pas écrire pourront faire signer leur soumission par un fondé de procuration verbale, sous la condition de le déclarer, avant l'ouverture de leur soumission, au Président.

Art. 37.

Le concurrent qui aura fait l'offre d'exécuter les travaux aux conditions les plus avantageuses sera déclaré adjudicataire, si son rabais remplit les conditions de minimum fixé conformément à l'art. 33, et si, à défaut de la fixation de ce minimum, sa soumission ne comporte pas d'augmentation sur les prix prévus.

Dans le cas où le rabais le plus avantageux serait offert par plusieurs concurrents, il sera procédé séance tenante, entre ceux-ci, à une nouvelle adjudication sur soumissions cachetées. Les rabais de la nouvelle adjudication ne pourront être inférieurs à ceux de la première.

Si les concurrents maintiennent les rabais primitifs, le bureau désignera celui des concurrents qui devra être déclaré adjudicataire.

Art. 38.

Il sera dressé pour chaque adjudication, un procès-verbal qui relatera toutes les circonstances de l'opération.

Art. 39.

Les adjudications ne seront définitives qu'après l'approbation du Préfet.

Dans les vingt jours de la date de cette approbation, la minute du procès-verbal sera soumise à l'enregistrement. Il ne pourra en être délivré ni expédition ni extrait, qu'après l'accomplissement de cette formalité.

Art. 40.

Le cautionnement à fournir par les adjudicataires sera versé à la caisse du Receveur municipal.

Art. 41.

Les adjudicataires payeront les frais de timbre et d'enregistrement des procès-verbaux d'adjudication, ceux d'expédition sur papier timbré des devis et cahier des charges dont il leur sera fait remise, ainsi que ceux d'affiches et autres publications, s'il y a lieu. Il ne pourra être rien exigé d'eux au delà de ces frais.

Art. 42.

Après une tentative infructueuse d'adjudication, les travaux pourront, avec l'autorisation du Préfet, donner lieu à un marché de gré à gré, lorsqu'on trouvera un soumissionnaire s'engageant à les exécuter sans augmentation de prix, aux conditions du devis et du cahier des charges.

Mais si, à défaut de cette soumission, on reconnaît la nécessité d'augmenter certains prix et de modifier les conditions du cahier des charges, il sera procédé à une nouvelle tentative d'adjudication, après avoir opéré sur les pièces du projet les changements adoptés.

Dans le cas où cette seconde tentative serait infructueuse, on pourra recourir à un marché de gré à gré pour l'ensemble du projet, ou bien à plusieurs marchés distincts en scindant les travaux soit en lots moins importants, soit selon leur nature.

Le Préfet pourra aussi autoriser l'exécution par voie de régie, après la seconde tentative infructueuse d'adjudication.

§ 3. — *Marchés de gré à gré.*

Art. 43.

Lorsqu'il y aura lieu de faire exécuter les travaux par voie de marché de gré à gré, le Maire invitera les entrepreneurs à prendre connaissance des conditions de l'entreprise, à formuler et à lui remettre, dans un délai déterminé, leurs propositions par soumissions écrites.

Les soumissions ainsi déposées devront contenir l'engagement de se soumettre aux conditions du devis particulier des ouvrages et aux clauses et conditions générales imposées aux entrepreneurs le travaux des chemins vicinaux.

Elles tiendront lieu de devis lorsqu'elles énonceront en outre les quantités, les prix et les conditions d'exécution des ouvrages.

Art. 44.

La soumission la plus avantageuse sera acceptée par le Maire, dûment autorisé par le Conseil municipal. Cette acceptation sera soumise à l'approbation du Préfet.

Art. 45.

La soumission à forfait des ouvrages à exécuter devra toujours contenir la mention en toutes lettres de la somme fixe à payer à l'entrepreneur, laquelle somme ne pourra jamais excéder l'estimation du projet.

Art. 46.

Les dispositions des art. 40 et 41 sont applicables aux soumissionnaires des marchés de gré à gré. Néanmoins le Préfet pourra, sur l'avis du Maire, dispenser les soumissionnaires de fournir un cautionnement.

§ 4. — *Travaux en régie.*

Art. 47.

Les travaux en régie seront exécutés sous la direction et la responsabilité du Maire, autant que possible à la tâche. A moins de difficulté, les ouvriers et les tâcherons seront payés par mandats individuels.

Art. 48.

Lorsque les ouvriers ne pourront pas être payés par mandats individuels, l'arrêté autorisant la régie nommera le régisseur au nom duquel seront faites les avances de fonds, et fixera la somme qu'elles ne devront pas dépasser.

Art. 49.

Cet arrêté sera pris par le Maire si la dépense ne dépasse pas 300 francs ; il devra être approuvé par le Préfet si elle dépasse cette somme.

SECTION III.

Réception des travaux.

Art. 50.

Les réceptions provisoires ou définitives des travaux et fournitures effectuées seront faites par le Maire, assisté de deux conseillers municipaux désignés par le Conseil municipal, en présence de l'entrepreneur.

Art. 51.

Les réceptions feront l'objet de procès-verbaux.

L'absence de l'entrepreneur ou des conseillers municipaux ne fera pas obstacle à la réception, s'ils ont été régulièrement convoqués.

TITRE V.

Comptabilité des chemins ruraux.

CHAPITRE Ier.

Vote et répartition des ressources.

Art. 52.

Dans la session de mai, le Conseil municipal sera appelé à voter pour l'année suivante les ressources qu'il entendra affecter aux chemins ruraux. Il sera invité en même temps à arrêter le tarif de la conversion des prestations en tâches et à délibérer sur l'emploi du reliquat des exercices précédents. La délibération ne deviendra exécutoire qu'après l'approbation de l'autorité compétente, s'il y a lieu.

Il sera donné au Directeur des Contributions directes avis des votes de prestations et de centimes.

Les reliquats seront reportés au budget additionnel, en conservant leur affectation spéciale, s'il y a lieu.

Le Conseil municipal répartira ultérieurement, par délibérations spéciales, l'emploi des ressources en argent et en nature, selon les besoins.

CHAPITRE II.

Dispositions générales.

Art. 53.

Les ressources créées pour le service des chemins ruraux, quelle que soit leur origine et qu'elles consistent en argent ou en prestations en nature, ne peuvent, sous aucun prétexte, être appliquées à des dépenses étrangères à ce service, ni à des chemins qui n'auraient pas été légalement reconnus.

Les ressources créées en vue d'une dépense spéciale ne pourront recevoir une autre destination, à moins d'une autorisation régulière.

Tout emploi, soit de fonds, soit de prestations en nature, effectué contrairement aux règles ci-dessus, sera rejeté des comptes et mis à la charge du comptable ou de l'ordonnateur, selon le cas.

CHAPITRE III.

Comptabilité du Maire.

Art. 54.

Le Maire est l'ordonnateur de toutes les dépenses relatives aux chemins ruraux pour lesquelles un crédit a été ouvert au budget communal ; il lui est interdit de disposer, autrement que par mandat sur les Receveurs municipaux, des fonds affectés aux travaux des chemins ruraux, quelle que soit l'origine de ces fonds.

Art. 55.

Tout mandat, pour être valable, devra porter sur un crédit régulièrement ouvert, et énoncera l'exercice, le chapitre, les articles et paragraphes du budget auxquels il s'applique, ainsi que le titre et le montant du crédit en vertu duquel il est délivré.

Les mandats seront remis par l'ordonnateur aux créanciers des communes, sur la justification de leur individualité, ou à leurs représentants munis de titres ou de pouvoirs en due forme.

Art. 56.

Les crédits accordés pour le même exercice et le même service seront successivement ajoutés les uns aux autres et formeront, ainsi cumulés, un crédit unique par chapitre, article ou paragraphe, selon le mode d'après lequel ils auront été ouverts.

Art. 57.

Les crédits étant ouverts spécialement pour chaque nature de dépenses, les Maires ne devront pas, pour quelque motif que ce soit, en changer l'affectation. Ils ne pourront non plus en outrepasser le montant par la délivrance de leurs mandats.

Art. 58.

Toutes les dépenses d'un exercice devront être mandatées depuis le 1ᵉʳ janvier jusqu'au 15 mars de la seconde année.

Toute créance mandatée qui n'aura pas été acquittée sur les crédits de l'exercice auquel elle se rapporte, dans les délais de la durée de cet exercice, devra être mandatée à nouveau sur les crédits reportés des exercices clos.

Tout mandat émis par le Maire indiquera le nombre et la nature des pièces justificatives qui s'y trouveront jointes.

Art. 59.

Au fur et à mesure de chaque opération de mandatement, il en sera tenu écriture sur le registre des mandats, qui doit exister dans chaque mairie.

Le Maire y inscrira tous les mandats, au fur et à mesure de leur délivrance, et indiquera pour chacun d'eux : 1º son numéro d'ordre ;

2º l'article du budget en vertu duquel il a été délivré ; 3º la date de sa délivrance ; 4º le nom de la partie prenante ; 5º l'objet de la dette ; 6º le montant total du mandat.

CHAPITRE IV.

Comptabilité des Receveurs municipaux.

Art. 60.

Les recettes et les dépenses communales relatives aux chemins ruraux seront effectuées par le Receveur municipal, chargé seul et sous sa responsabilité de poursuivre la rentrée de tous les revenus de la commune et de toutes les sommes qui lui seraient dues, ainsi que d'acquitter les dépenses mandatées par le Maire jusqu'à concurrence des crédits régulièrement accordés.

Tous les rôles de taxes, de sous-répartition et de prestations locales devront parvenir à ce comptable par l'intermédiaire du Receveur des finances.

Art. 61.

Toute personne autre que le Receveur municipal qui, sans autorisation légale, se serait ingérée dans le maniement des deniers de la commune affectés aux chemins ruraux, sera, par ce seul fait, constituée comptable ; elle pourra, en outre, être poursuivie en vertu de l'art. 258 du Code pénal, comme s'étant immiscée sans titre dans des fonctions publiques.

Art. 62.

Les Receveurs municipaux recouvreront les divers produits aux échéances déterminées par les titres de perception ou par l'administration, et d'après le mode de recouvrement prescrit par les lois et règlements.

Art. 63.

Ils adresseront, le 5 de chaque mois, aux Maires des communes de leur circonscription, un état faisant connaître le montant des recouvrements effectués pendant le mois écoulé sur les ressources des chemins ruraux.

Art. 64.

Le recouvrement des produits de chaque exercice devra être ter-

miné le 31 mars de la seconde année, et le Receveur municipal pourra
être tenu de verser dans sa caisse, sauf à exercer personnellement
son recours contre les débiteurs, le montant des restes à recouvrer
pour le recouvrement desquels il ne justifiera pas avoir fait les dili-
gences nécessaires.

Art. 65.

Avant de procéder au payement des mandats délivrés par les
Maires, les Receveurs municipaux devront s'assurer, sous leur responsabilité :

1º Que la dépense porte sur un crédit régulièrement ouvert, et
qu'elle ne dépasse pas le montant de ce crédit ;

2º Que la date de la dépense constate une dette à la charge de
l'exercice auquel on l'impute, et que l'objet de cette dépense ressortit
bien au service particulier que le crédit a en vue d'assurer ;

3º Que les pièces justificatives, dont le tableau est donné à l'art. 71,
ont été produites à l'appui de la dépense.

Tout payement qui serait effectué sans l'accomplissement de ces
formalités resterait à la charge du comptable.

Art. 66.

Les comptables n'ont pas qualité pour apprécier le mérite des
faits auxquels se rapportent les pièces produites à l'appui de chaque
mandat. Il suffit, pour garantir leur responsabilité, qu'elles soient
certifiées et visées par les Maires et que le mandatement concorde
avec elles.

Art. 67.

Les Receveurs municipaux seront tenus de rendre, chaque année,
un compte spécial, par commune, pour les opérations relatives aux
chemins ruraux qu'ils auront effectuées.

Ce compte, dressé à la clôture de l'exercice, sera transmis, le
5 avril au plus tard, au Receveur des finances qui, après l'avoir vérifié
et certifié, le fera parvenir au Maire le 15 avril, pour tout délai.

Art. 68.

Chaque compte, formé d'après les écritures, devra présenter la
situation du comptable d'après le compte précédent, la *totalité des*

opérations faites pendant l'exercice, tant en recettes qu'en payements, et le *résultat général* des recettes et des payements à la
clôture de l'exercice.

Art. 69.

Les recettes et les payements relatifs aux chemins ruraux seront
justifiés de la manière suivante dans les comptes communaux soumis
au Conseil de préfecture ou à la Cour des comptes.

Justification des recettes.

Art. 70.

§ 1er. — *Produit des centimes spéciaux.*

Extrait des rôles généraux ou spéciaux des contributions directes
délivré par le Percepteur, visé par le Maire et le Receveur des
finances.

§ 2. — *Prestations.*

Copie de l'exécutoire, et, pour établir le montant des réductions,
les ordonnances de décharge.

§ 3. — *Subventions spéciales.*

Arrêtés de fixation rendus par le Conseil de préfecture, ou décision
de la Commission départementale, selon que ces subventions auront
été réglées dans la forme des expertises ou dans celle des abonne-
ments.

§ 4. — *Souscriptions particulières ou provenant d'associations*
particulières.

Copie ou extrait du titre de souscription, ou le titre lui-même revêtu de l'acceptation du Maire et rendu exécutoire par le Préfet, et,
dans le cas de réduction du titre, les ordonnances de décharge.

§ 5. — *Emprunts.*

Copie de la délibération du Conseil municipal, de l'arrêté du
Préfet, du décret ou de la loi autorisant l'emprunt. Copie certifiée
par le Maire des actes qui ont réglé les conditions de l'emprunt.

§ 6. — *Aliénation de délaissés d'anciens chemins.*

Arrêté préfectoral autorisant la vente; expédition (T) du procès-verbal de l'adjudication ou de l'acte de vente à l'amiable; décompte des intérêts, s'il y a lieu. Si le titre n'est pas apuré à la fin de l'exercice, il ne sera produit qu'un extrait sur papier libre, avec mention que le titre (T) sera produit ultérieurement.

Justification des dépenses.

Art. 71.

Toutes les pièces justificatives à produire à l'appui des mandats devront être visées par l'ordonnateur.

§ 1er. — *Prestations en nature.*

Extrait du rôle établissant le relevé des journées ou des tâches effectuées en nature, émargé par le Maire, et revêtu par lui de l'attestation que les travaux ont été accomplis.

§ 2. — *Travaux en régie.*

Autorisation du Préfet de faire les travaux en régie, si les travaux à exécuter sur un même chemin s'élèvent à plus de 300 francs.

Et, selon le cas :

S'il y a un entrepreneur à la tâche, l'état (T) de ses travaux ou fournitures, certifié par lui et visé par le Maire.

S'il n'y a que des fournisseurs et ouvriers employés sous la surveillance du Maire : 1° les mémoires ou factures (T) certifiés par les fournisseurs et visés par le Maire; 2° les états nominatifs (1) des journées d'ouvriers, dûment émargés pour acquit par la signature des ouvriers ou par celle de deux témoins du payement, certifiés par le Maire; lesdits états devront indiquer distinctement, pour chaque ouvrier, le lieu des travaux, le nombre des journées de chacun, leur prix et le total revenant à chaque ouvrier. Les avances faites à un régisseur seront justifiées par lui, suivant le cas, par les pièces ci-

---

(1) (T) Si la somme à payer à l'un des ouvriers est supérieure à 10 francs.

dessus indiquées à l'appui du premier payement ; on produira, en outre, copie de l'arrêté du Maire nommant le régisseur.

§ 3. — *Travaux à exécuter en vertu d'adjudication ou de marché de gré à gré.*

A l'appui du premier acompte, décision approbative des travaux ; copie ou extrait du procès-verbal d'adjudication ou du marché, non timbré, mais avec mention que l'expédition (T) sera fournie avec le mandat pour solde, justification de la réalisation du cautionnement par le récépissé du Receveur municipal, ou une déclaration de versement, et, suivant le cas, déclaration du Maire, approuvée par le Préfet, constatant qu'il n'y a pas eu lieu d'exiger ce cautionnement. Certificat (T) du Maire constatant l'avancement des travaux et le montant de la somme à payer.

Pour les acomptes subséquents, certificats (T) du Maire, rappelant les sommes payées antérieurement et le montant du nouveau mandat à payer.

Quant au solde des travaux, expédition en due forme du procès-verbal d'adjudication ou du marché (T), devis estimatif (T) (1) ; bordereau des prix ; procès-verbal de réception définitive (T) et décompte général (T), dressés par le Maire.

Dans le cas d'adjudication à prix ferme, il n'est pas nécessaire de produire un décompte général, mais le procès-verbal de réception définitive seulement.

§ 4. — *Indemnités relatives aux acquisitions d'immeubles pour travaux d'ouverture, de redressement et d'élargissement.*

TABLEAU A

Acquisition d'immeubles en cas de convention amiable.

1re *Partie. — Convention portant à la fois sur la cession et sur le prix.*

Subdivision A. — **Terrains nus et non clos de murs ou de haies vives, indépendants des habitations.**

1o La décision de la Commission départementale, déclarant les

---

(1) La soumission tiendra lieu du devis lorsqu'elle énoncera les quantités, les prix et les conditions d'exécution des ouvrages.

travaux d'utilité publique ; cette décision accompagnée de la mention expresse qu'elle a n'a été l'objet d'aucun recours.

Et, dans le cas où la décision aurait été frappée d'appel, décision du Conseil général ou du Conseil d'Etat ;

2° Délibération du Conseil municipal (1), si la dépense totalisée avec celles des autres acquisitions déjà votées dans le même exercice ne dépasse pas le dixième des revenus ordinaires de la commune.

Et, de plus, ampliation de l'arrêté pris par le Préfet en Conseil de préfecture pour autoriser l'acquisition, si la dépense totalisée avec celle des autres acquisitions déjà votées dans le même exercice dépasse le dixième des revenus ordinaires de la commune.

3° Expédition ou extrait de l'acte de cession amiable (T), lorsqu'il est produit avec le compte final, et non timbré, lorsqu'il s'agit d'une justification provisoire ; ladite expédition ou ledit extrait portant mention de la transcription et de l'enregistrement, et constatant que le vendeur a produit les titres qui établissent sa possession.

Nota. — Les portions contiguës, appartenant à un même propriétaire, doivent faire l'objet d'un seul acte de vente.

Si le vendeur n'est pas l'individu dénommé à la matrice des rôles, le contrat doit indiquer comment la propriété est passée du propriétaire désigné par la matrice des rôles à celui qui consent la vente.

Si la désignation portée à la matrice des rôles est inexacte ou incomplète, le vendeur doit prouver l'inexactitude ou l'erreur par la production d'un bail, d'un acte de vente, d'un partage ou d'un acte authentique.

A défaut d'acte authentique, l'identité sera prouvée par un certificat du Maire, délivré sur la déclaration de deux témoins au moins, Ces justifications seront énoncées au contrat (2).

---

(1) Dans ce cas, la délibération du Conseil municipal ne doit être approuvée par le Préfet que s'il y a désaccord entre le Conseil municipal et le Maire.

(2) Si la propriété vendue appartient en totalité ou en partie à des mineurs, interdits, absents ou incapables, ce contrat doit rappeler l'autorisation donnée par le Tribunal d'accepter les offres de la commune, et, si l'immeuble est d'une valeur qui n'excède pas 100 fr., relater la délibération du Conseil municipal acceptant l'offre du tuteur de se porter fort pour le mineur et de faire ratifier l'acte à sa majorité.

Pour les immeubles dotaux, on devra exiger l'autorisation donnée par le Tribunal d'accepter les offres de la commune, et la justification en remploi lorsqu'il est ordonné.

4° Certificat du Maire constatant que, préalablement à la transcription, l'acte de vente a été publié et affiché, conformément à l'art. 15 de la loi du 3 mai 1841, et suivant les formes de l'art. 6 ;

5° Exemplaire certifié du journal où l'insertion a été faite (les formalités de publications dont l'accomplissement doit être constaté par le certificat, portent sur l'acte de cession).

Nota. — Les formalités de publication et d'insertion doivent toujours précéder la transcription, à peine de nullité de la transcription ;

6° Certificat du Maire délivré huit jours au moins après les publications et affiches ci-dessus mentionnées, et constatant qu'aucun tiers ne s'est fait connaître comme intéressé au règlement de l'indemnité ;

7° Certificat négatif (T) ou état (T) des inscriptions, délivré par le Conservateur, quinze jours au moins après la transcription.

Nota. — Les inscriptions dont la non-existence ou la radiation doit être justifiée sont exclusivement celles dont l'immeuble se trouve grevé du chef soit du vendeur, soit du propriétaire désigné par la matrice cadastrale, ou de leurs auteurs ; il est inutile de justifier de la radiation de l'inscription prise d'office au profit du vendeur qui a traité avec la commune.

Dans le cas où il existe des inscriptions, et si le montant du prix n'est pas versé à la Caisse des Dépôts et Consignations :

8° Certificat (T) de radiation, délivré par le Conservateur des hypothèques, ou quittance notariée portant mainlevée des inscriptions ;

9° Décompte en principal et intérêt du prix d'acquisition ;

10° Certificat de paiement délivré par le Maire ;

11° Quittance de l'ayant droit.

Les quittances peuvent être passées dans la forme des actes administratifs.

Nota. — Lorsque l'indemnité ne dépassera pas 500 fr., les pièces relatives à la purge des hypothèques et le certificat du conservateur pourront être remplacés par une délibération du Conseil municipal approuvée par le Préfet, dispensant le Maire de remplir les formalités de la purge des hypothèques ; en outre, en vertu de la même délibération et quand même elle ne l'aurait pas spécifié, l'acte ne sera pas soumis à la transcription.

En cas de consignation du montant du prix de vente à la Caisse des Dépôts et Consignations, on produira les pièces mentionnées ci-dessus, à l'exception de la quittance de l'ayant droit, et, lorsque la consignation est motivée par l'existence d'inscriptions hypothécaires, des états d'inscriptions qui seront remis à la Caisse des Dépôts et Consignations.

Et en outre :

12° Arrêté du Maire prescrivant la consignation et en énonçant les motifs ; si la consignation a pour cause l'existence d'inscriptions hypothécaires, l'arrêté visera la date de la délivrance par le Conservateur de l'état d'inscription ;

13° Récépissé du préposé de la Caisse des Dépôts et Consignations.

Subdivision B. — **Bâtiments, cours ou jardins y attenants, terrains clos de murs ou de haies vives.**

Si l'utilité publique a été déclarée :

1° Copie du décret déclarant les travaux d'utilité publique ;
2° Les pièces mentionnées à la subdivision A, 2° et 13°.

Si l'utilité publique n'a pas été déclarée :

1° Délibération du Conseil municipal (1), si la dépense totalisée avec celles des autres acquisitions déjà votées dans le même exercice ne dépasse pas le dixième des revenus ordinaires de la commune.

Et de plus, ampliation de l'arrêté pris par le Préfet en Conseil de préfecture, pour autoriser l'acquisition, si la dépense totalisée avec celles des autres acquisitions déjà votées dans le même exercice dépasse le dixième des revenus ordinaires de la commune ;

2° Copie certifiée du contrat (T), lorsqu'elle est produite avec le compte final, non timbrée lorsqu'il s'agit d'une justification provisoire ; ladite copie portant mention de la transcription et de l'enregistrement, indiquant les précédents propriétaires et constatant que le vendeur a produit les titres qui établissent sa possession ;

---

(1) Dans ce cas, la délibération du Conseil municipal ne doit être approuvée par le Préfet que s'il y a désaccord entre le Conseil municipal et le Maire.

3° Certificat (T) négatif délivré après transcription par le conservateur des hypothèques, relatant expressément qu'il s'applique aux mentions et transcriptions désignées par les articles 1 et 2 de la loi du 23 mars 1855, ainsi qu'aux transcriptions de saisies, de donations ou de substitutions;

Ou, s'il y a lieu, état (T) des inscriptions, et, en outre, desdites transcriptions et mentions.

Nota. — Les inscriptions dont la non-existence ou la radiation doit être justifiée sont exclusivement celles qui intéressent les tiers, c'est-à-dire celles dont l'immeuble pourrait être grevé du chef du vendeur ou des précédents propriétaires, il est inutile de justifier de la radiation de l'inscription, prise d'office au profit du vendeur qui a traité avec la commune.

Dans le cas où ledit certificat ou état ne serait pas délivré quarante-cinq jours au moins après l'acte d'acquisition, et s'il ne résulte pas, d'ailleurs, des énonciations mêmes de l'acte que la propriété appartenait, depuis plus de quarante-cinq jours avant la transcription, à ceux de qui la commune acquiert :

4° Certificat (T) spécial, constatant, après l'expiration du délai précité, qu'il n'a pas été pris d'inscription en vertu de l'article 6 de la loi du 23 mars 1855.

Ou s'il y a lieu, état (T) de ces inscriptions.

Dans le cas où il existerait des inscriptions, si le montant du prix n'est pas versé à la Caisse des Consignations ;

5° Certificat (T) de la radiation desdites inscriptions, délivré par le Conservateur des hypothèques, ou quittance notariée portant mainlevée des inscriptions;

6° Décompte en principal et intérêts du prix d'acquisition ;

7° Certificat de payement délivré par le Maire ;

Et pour établir la purge des hypothèques légales;

8° Certificat (T) du greffier du Tribunal civil constatant le dépôt de l'acte d'acquisition après la transcription et son affichage au greffe pendant deux mois;

9° Exploit (T) de notification de ce dépôt au Procureur de la République et aux parties désignées à l'article 2194 du code civil;

10° Exemplaire certifié du journal ou de la feuille d'annonces dans lequel a été inséré l'exploit de notification ;

11° Certificat (T) du Conservateur des hypothèques constatant que, depuis la transcription jusqu'à l'expiration du délai de deux mois à dater de l'insertion de l'exploit dans la feuille d'annonces, il n'a été pris aucune inscription sur l'immeuble vendu.

Ou, s'il y a lieu, état (T) des inscriptions.

Dans le cas où il existerait des inscriptions, si le montant du prix n'est pas versé à la Caisse des Consignations;

12° Certificat (T) de radiation desdites inscriptions, délivré par le Conservateur des hypothèques, ou quittance notariée portant mainlevée des inscriptions.

Nota. — Les Maires des communes, autorisés à cet effet par les délibérations des Conseils municipaux, approuvées par le Préfet, peuvent se dispenser de remplir les formalités de purge des hypothèques pour les acquisitions d'immeubles faites de gré à gré et dont le prix n'excède pas 500 francs. Dans ce cas, les communes peuvent se libérer entre les mains des vendeurs, sans avoir besoin de produire un certificat du Conservateur des hypothèques constatant l'existence ou la non-existence d'inscriptions hypothécaires, mais elles ne peuvent se dispenser de faire transcrire leur contrat d'acquisition que lorsque les immeubles ont été acquis en vertu de la loi du 3 mai 1841.

En cas d'acquisition sur saisie immobilière, les créanciers n'ayant plus d'action que sur le prix, il n'y a pas lieu de procéder à la purge des hypothèques légales attendu que le jugement d'adjudication dûment transcrit purge toutes les hypothèques. Il n'y a pas lieu non plus de procéder à la purge des hypothèques sur les immeubles vendus par l'Etat, ni à celle des hypothèques légales des immeubles vendus par des départements, des communes et des établissements publics, sauf le cas exceptionnel où l'immeuble récemment acquis par le département, la commune ou l'établissement vendeur, pourrait être grevé du chef des précédents propriétaires.

Si le montant du prix d'acquisition est versé à la Caisse des Dépôts et Consignations par suite d'obstacles au payement, tels que l'existence d'inscriptions hypothécaires ou oppositions : -

Il y a lieu de produire les pièces ci-dessus, à l'exception, lorsque la consignation est motivée par l'existence d'inscriptions hypothécaires, des états d'inscription numéros 3 et 11, qui sont remis à la Caisse des Dépôts,

Et, en outre :

13º Arrêté du Maire prescrivant la consignation, en énonçant les motifs, et, si elle a pour cause l'existence d'inscriptions hypothécaires, visant la date de la délivrance des états d'inscriptions ;·

14º Récépissé du préposé de la Caisse des Dépôts et Consignations.

2ᵉ Partie. — Convention portant accord sur la cession, mais réservant au jury la fixation du prix.

Subdivision A. — **S'il s'agit de terrains nus et non clos de murs ou de haies vives, indépendants des habitations.**

Toutes les justifications indiquées à la subdivision A de la première partie et, en outre, décision du jury rendue exécutoire par le magistrat directeur, contenant règlement de l'indemnité, et, s'il y a lieu, répartition des dépens.

Subdivision B. — **S'il s'agit de bâtiments, de cours ou jardins y attenant, de terrains clos de murs ou de haies vives.**

1º Copie du décret déclarant les travaux d'utilité publique;

2º Les pièces indiquées à la subdivision A de la première partie sous les nᵒˢ 2º à 13º;

3º Et, en outre, décision du jury rendue exécutoire par le magistrat-directeur, contenant règlement de l'indemnité et, s'il y a lieu, répartition des dépens.

3ᵐᵉ Partie. — Convention sur le prix seulement, postérieure à la translation de propriété par voie d'expropriation, quelle que soit la nature des terrains.

1º Copie (T) ou extrait (T) du jugement d'expropriation, relatant textuellement la mention de la transcription et énonçant la date de la notification;

2º Certificat du Maire constatant que, préalablement à la transcription, le jugement a été publié et affiché conformément à l'art. 15 de la loi du 3 mai 1841, et suivant les formes de l'art. 6 de ladite loi;

3º Exemplaire certifié du journal où l'insertion de l'extrait du jugement a été faite (l'insertion doit être faite antérieurement à la transcription);

4° Convention (T) dûment approuvée, contenant règlement de l'indemnité.

Et de plus :

Les justifications mentionnées à la première partie, subdivision A, sous les n°ˢ 6°, 7°, 8°, 9°, 10°, 11°, 12° et 13°.

TABLEAU B.

Acquisition faite en dehors de toute convention amiable.

1° Copie (T) ou extrait (T) du jugement d'expropriation, relatant textuellement la transcription et énonçant la date de la notification;

2° Certificat du Maire constatant que, préalablement à la transcription, le jugement a été publié et affiché conformément à l'art. 15 de la loi du 3 mai 1841, et suivant les formes édictées par l'art. 6 de ladite loi;

3° Exemplaire certifié de la feuille d'annonces judiciaires dans laquelle a été inséré l'extrait du jugement (l'insertion doit être faite antérieurement à la transcription).

Nota. — Les formalités de publication, d'affichage et d'insertion mentionnées ci-dessus doivent avoir été remplies antérieurement à la transcription, à peine de nullité de la transcription.

4° Certificat négatif (T) ou état (T) des inscriptions délivré par le Conservateur des hypothèques quinze jours au moins après la transcription.

Dans le cas où il existe des inscriptions et si le montant du prix n'est pas versé à la Caisse des Consignations;

5° Certificat de radiation (T), délivré par le Conservateur des hypothèques ou quittance notariée portant mainlevée des inscriptions.

Nota. — Les inscriptions dont la non-existence ou la radiation doit être justifiée sont exclusivement celles dont l'immeuble pourrait être grevé du chef des propriétaires désignés par le jugement d'expropriation.

6° Certificat du Maire, délivré au moins huit jours après les publications et affiches ci-dessus mentionnées, et constatant qu'aucun tiers ne s'est fait connaître comme intéressé au règlement de l'indemnité;

7° Décision du jury, rendue exécutoire par le magistrat-directeur, contenant règlement de l'indemnité et, s'il y a lieu, répartition des dépens;

8° Décompte en principal et intérêts du prix d'acquisition.

La portion des dépens mise à la charge du vendeur peut être réduite du montant du prix d'acquisition;

9° Certificat de payement délivré par le Maire;

10° Quittance de l'ayant droit.

En outre,

En cas de consignation du prix de vente, voir tableau A, première partie.

NOTA. — Si, par application de l'article 53 de la loi du 3 mai 1841, l'Administration a fait des offres réelles, il doit être produit une expédition du procès-verbal des offres constatant le refus de l'ayant droit ou, dans le cas d'acceptation, le payement de la somme due, et, lorsque la consignation a eu lieu, une expédition du procès-verbal de consignation.

TABLEAU C.

** Prise de possession, pour cause d'urgence, de terrains non bâtis. **

* 1ʳᵉ Partie. — Consignation provisoire. *

1° Copie (T) ou extrait (T) du jugement d'expropriation, relatant textuellement la mention de la transcription et énonçant la date de la notification;

2° Certificat du Maire constatant que, préalablement à la transcription, le jugement a été publié et affiché, conformément à l'art. 15 de la loi du 3 mai 1841, et suivant les formes prescrites par l'art. 6 de ladite loi;

3° Exemplaire certifié du journal dans lequel a été inséré l'extrait du jugement;

(Cette insertion doit être faite antérieurement à la transcription.)

4° Extrait ou mention du décret qui déclare l'urgence;

5° Jugement qui fixe le montant de la somme à consigner par l'expropriant;

6° Arrêté du Maire motivant et prescrivant la consignation provisoire, qui doit comprendre, indépendamment de la somme fixée par le tribunal, les deux années d'intérêts exigés par l'art. 69 de la loi du 3 mai 1841;

7° Récépissé du préposé de la Caisse des Consignations.

2ᵐᵉ Partie. — Payement du complément dans le cas où la consignation est inférieure au montant de l'indemnité :

1° Indication du mandat, auquel copie ou extrait du jugement d'expropriation a été joint au moment de la consignation provisoire;

2° Décision du jury, suivie de l'ordonnance d'exécution rendue par le magistrat-directeur, contenant règlement de l'indemnité et, s'il y a lieu, répartition des dépens;

3° Décompte en principal et intérêts du prix d'acquisition portant, s'il y a lieu, déduction des dépens mis à la charge des vendeurs. Les intérêts courent du jour où l'administration est entrée en possession;

4° Arrêté du Maire rappelant la somme précédemment consignée, ainsi que la date et le numéro du mandat primitif, déterminant le solde à consigner et ordonnant la consignation de ce solde, ainsi que la conversion de la consignation provisoire en consignation définitive.

(Cet arrêté doit expliquer si la consignation est faite à la charge ou non d'inscriptions hypothécaires, et s'il existe ou non d'autres obstacles au payement entre les mains du propriétaire dépossédé; il doit relater en outre la date du certificat négatif ou de l'état des inscriptions délivré par le Conservateur des hypothèques; le certificat ou l'état lui-même est remis à la Caisse des Consignations.)

5° Déclaration de l'agent de la Caisse des Consignations, constatant la conversion de la consignation provisoire en consignation définitive;

6° Récépissé du préposé de la Caisse des Consignations.

TABLEAU D.

Indemnités accessoires en cas d'expropriation. — Indemnités mobilières, locatives ou industrielles.

1° En cas de conventions amiables :

Convention (T) dûment approuvée, s'il y a lieu;

2° En cas de règlement par le jury :

Décision du jury, suivie de l'ordonnance d'exécution rendue par le magistrat-directeur, contenant règlement de l'indemnité et, s'il y a lieu, répartition des dépens.

Dispositions relatives au timbre de l'enregistrement.

Tous les actes passés en vertu d'une déclaration d'utilité publique sont visés pour timbre et enregistrés gratis, lorsqu'il y a lieu à la formalité de l'enregistrement.

Les quittances pures et simples sont passibles du droit de timbre créé par l'art. 18 de la loi du 23 août 1871.

§ 5. — *Indemnités relatives aux occupations temporaires de terrain pour l'extraction ou le dépôt de matériaux, etc.*

Si l'indemnité a été fixée à l'amiable :

1° L'accord (T) fait entre l'Administration et le propriétaire et approuvé par le Préfet;

2° Certificat de payement délivré le Maire.

Si l'indemnité n'a pas été fixée à l'amiable :

1° Extrait de l'arrêté préfectoral qui autorise les extractions de matériaux ou occupations temporaires de terrains;

2° Arrêté du Conseil de préfecture qui a fixé l'indemnité;

3° Certificat de payement délivré par le Maire.

§ 6. — *Frais de confection de rôles.*

Extrait de l'arrêté du Préfet;
Récépissé du Receveur des finances.

§ 7. — *Salaires des cantonniers employés sur les chemins ruraux.*

Certificat de payement dressé par le Maire, indiquant le montant du traitement des cantonniers et le nombre des journées pour le paiement desquelles le mandat est délivré.

Art. 72.

Toutes les dépenses autres que celles énoncées ci-dessus seront justifiées comme il est prescrit par les règlements sur la comptabilité communale.

CHAPITRE V.

Inventaires. — Conservation et mouvement des objets appartenant au service.

Art. 73.

Le Maire tient un registre d'inventaire sur lequel sont inscrits tous les objets appartenant au service rural, et existant soit à la mairie, soit dans divers lieux de dépôt ou magasins.

Art. 74.

Tous les objets appartenant au service seront recensés et inscrits sur l'inventaire lors de la mise en vigueur du présent règlement.

Chaque objet nouveau sera porté ensuite sur l'inventaire au moment de l'acquisition.

Les objets inscrits seront marqués des lettres S. R. incrustées dans le bois ou gravées sur le métal; et, autant que possible, ils porteront leur numéro de classement dans l'inventaire.

Art. 75.

Lorsque des outils achetés aux frais du service seront remis à des cantonniers, ces outils seront en outre inscrits sur leur livret.

TITRE VI.

Associations syndicales.

Art. 76.

Les convocations individuelles pour la formation d'une association syndicale en vue de l'ouverture, du redressement, de l'élargissement, de la réparation ou de l'entretien d'un chemin rural seront faites par le Maire au moins huit jours à l'avance.

Les bulletins de convocation indiqueront l'objet, le lieu, le jour et l'heure de la réunion.

Les mêmes indications seront, en outre, portées à la connaissance des habitants de la commune par voie de publication et d'affiche.

TITRE VII.

Conservation et police des chemins.

Chapitre Ier.

Alignement et autorisations diverses.

SECTION Ire.

Dispositions générales.

Art. 77.

Nul ne pourra, sans y être préalablement autorisé, faire aucun ouvrage de nature à intéresser la conservation de la voie publique ou la facilité de la circulation sur le sol ou le long des chemins ruraux, et spécialement :

1º Faire sur ces chemins ou leurs dépendances aucune tranchée, ouverture, dépôt de pierres, terres, fumiers, décombres ou autres matières ;

2º Y enlever du gazon, du gravier, du sable, de la terre ou autres matériaux :

3º Y étendre aucune espèce de produits ou matières ;

4º Y déverser des eaux quelconques, de manière à y causer des dégradations ;

5º Etablir sur les fossés des barrages, écluses, passages permanents ou temporaires ;

6º Construire, reconstruire ou réparer aucun bâtiment, mur ou clôture quelconque à la limite des chemins ;

7º Ouvrir des fossés, planter des arbres, bois-taillis ou haies le long desdits chemins ;

8º Etablir des puits ou citernes à moins de 5 mètres des limites de la voie publique.

Toute demande à fin d'autorisation desdits ouvrages ou travaux devra être présentée sur papier timbré.

Art. 78.

Les autorisations seront données par le Maire.

Dans aucun cas, les Maires ne pourront donner d'autorisations verbales. Les autorisations devront faire l'objet d'un arrêté. Lorsque les parties intéressées le réclameront, il leur en sera délivré une expédition sur papier timbré. Dans le cas contraire, il leur sera remis sur papier libre une note indiquant sommairement la date et l'objet des autorisations.

Art. 79.

Toute autorisation, de quelque nature qu'elle soit, réservera expressément les droits des tiers. Pour les ouvrages à établir sur la voie publique ou sur ses dépendances, les arrêtés d'autorisation stipuleront l'obligation d'entretenir constamment ces ouvrages en bon état et porteront que les autorisations seront révocables, soit dans le cas où le permissionnaire ne remplirait pas les conditions imposées, soit si la nécessité en était reconnue dans un but d'utilité publique.

SECTION II.

Constructions.

Art. 80.

Lorsqu'il y aura lieu de dresser des plans d'alignement pour les chemins ruraux, il sera procédé à une enquête, conformément à l'ordonnance du 23 août 1835. Le Conseil municipal sera toujours appelé à délibérer sur les plans. Les plans seront ultérieurement soumis, avec l'avis du Maire, les observations du Préfet et les documents à l'appui, à l'approbation de la Commission départementale. La décision approbative sera affichée et notifiée selon les prescriptions des articles 4 et 13 de la loi du 20 août 1881.

Art. 81.

Lorsque les chemins ruraux auront la largeur légale, les alignements à donner pour constructions et reconstructions seront tracées de manière à ce que l'impétrant puisse construire sur la limite séparative de sa propriété et du chemin.

Lorsque les chemins n'auront pas la largeur qui leur aura été attribuée par l'autorité compétente, les alignements pour constructions et reconstructions seront délivrés conformément aux limites déterminées par le plan régulièrement approuvé, si la commune acquiert préalablement, à l'amiable ou par expropriation, les terrains à réunir à la voie publique, et, dans le cas contraire, conformément aux limites actuelles des chemins.

Lorsque les chemins auront plus que la largeur légale, et que les propriétaires riverains seront autorisés, par mesure d'alignement, à avancer leur construction jusqu'à l'extrême limite de cette largeur, ils devront payer la valeur du sol du chemin ainsi concédé et de ses dépendances.

Cette valeur sera réglée, soit à l'amiable entre les propriétaires et l'administration communale, soit à dire d'experts, conformément à l'article 17 de la loi du 20 août 1881.

L'arrêté d'alignement devra faire connaître que la prise de possession ne pourra avoir lieu qu'en vertu d'une délibération du Conseil municipal, régulièrement approuvée.

Art. 82.

Tout ce qui concerne le mode d'ouverture des portes et fenêtres et les saillies de toute espèce sur les chemins ruraux, sera déterminé par un règlement spécial arrêté par le Maire, sur l'avis du Conseil municipal, et approuvé par le Préfet. Jusqu'à ce que ce règlement ait été fait, il y sera pourvu, dans chaque cas particulier, par le Maire.

Art. 83.

Les travaux à faire à des constructions en saillie sur les alignements d'un plan régulièrement approuvé ne seront autorisés que dans le cas où ces travaux n'auront pas pour effet de consolider le mur de face.

Art. 84.

L'arrêté du Maire portant autorisation de construire ou de réparer fera connaître si la demande en est faite par les intéressés et, dans les limites nécessaires pour assurer la circulation, l'espace que pourront occuper les échafaudages et les dépôts, et la durée de cette occupation.

Art. 85.

Lorsqu'une construction sise le long d'un chemin rural présentera des dangers pour la sûreté publique, le péril sera constaté par le rapport d'un homme de l'art désigné par le Maire. Ce rapport sera communiqué au propriétaire avec injonction de faire cesser le péril dans un délai déterminé, ou, s'il conteste le danger, de nommer un expert pour procéder, contradictoirement avec l'expert de la commune qui sera désigné dans l'arrêté municipal de mise en demeure, ainsi que le jour et l'heure de l'opération.

Si le propriétaire refuse ou néglige de nommer son expert, il sera procédé par l'autre expert seul au jour et à l'heure indiqués.

Dans le cas où l'expertise aura lieu contradictoirement, et où il n'y aura pas accord entre les deux experts, le tiers expert sera nommé par le Maire.

Le Maire prendra ensuite un arrêté prescrivant les mesures reconnues nécessaires et fixant un délai pour l'exécution.

Si le propriétaire ne se conforme pas à l'injonction dans le délai imparti, il sera dressé contre lui un procès-verbal qui sera déféré au Tribunal de simple police.

Toutefois, en cas de péril imminent, les mesures reconnues nécessaires pourront être prises d'office, sans jugement préalable, si le propriétaire, après avoir reçu communication du rapport de l'homme de l'art constatant le péril, refuse ou néglige d'aviser lui-même dans le délai imparti par l'arrêté de mise en demeure.

Dans tous les cas, la communication du rapport de l'homme de l'art et la notification de l'arrêté de mise en demeure au propriétaire seront constatées par un certificat.

Art. 86.

Les autorisations de construire ou reconstruire le long des chemins ruraux devront stipuler les réserves et conditions nécessaires pour garantir le libre écoulement des eaux, sans qu'il en puisse résulter de dommage pour les chemins.

SECTION III.

Plantations d'arbres.

Art. 87.

Aucune plantation d'arbres ne pourra être effectuée le long et joignant les chemins ruraux qu'en observant les distances ci-après, qui seront calculées à partir de la limite extérieure, soit des chemins, soit des fossés, soit des talus qui les borderaient :

    Pour les arbres fruitiers........ 2 mètres.
    Pour les arbres forestiers 2   —
    Pour les bois taillis............ 1   —

La distance des arbres entre eux ne pourra être inférieure à 4 mètres pour les arbres fruitiers, 3 mètres pour les arbres forestiers, à l'exception des peupliers d'Italie, qui pourront être espacés de 2 mètres seulement.

Art. 88.

Les plantations faites antérieurement à la publication du présent règlement à des distances moindres que celles ci-dessus pourront être conservées, mais elles ne pourront être renouvelées qu'à la charge d'observer les distances prescrites par l'article précédent.

Art. 89.

Les plantations faites par des particuliers sur le sol des chemins ruraux avant la publication du présent règlement pourront être conservées si les besoins de la circulation le permettent, mais elles ne pourront, dans aucun cas, être renouvelées.

Art. 90.

Si l'intérêt de la viabilité exigeait la destruction des plantations existant sur le sol des chemins ruraux, les propriétaires seraient mis en demeure, par un arrêté du Maire, d'enlever, dans un délai déterminé, les arbres qui leur appartiendraient, sauf à eux à faire valoir le droit qu'ils croiraient avoir à une indemnité ; si les particuliers n'obtempéraient pas à cette mise en demeure, il serait dressé un procès-verbal pour être statué par l'autorité compétente.

SECTION IV.

Plantations de haies.

Art. 91.

Les haies vives ne pourront être plantées à moins de 50 centimètres de la limite extérieure des chemins.

Art. 92.

La hauteur des haies ne devra jamais excéder 1 mètre 50 centimètres, sauf les exceptions exigées par des circonstances particulières, et pour lesquelles il sera donné des autorisations spéciales.

Art. 93.

Les haies plantées antérieurement à la publication du présent règlement à des distances moindres que celle prescrite par l'art. 91 pourront être conservées, mais elles ne pourront être renouvelées qu'à la charge d'observer cette distance.

SECTION V.

Elagage.

Art. 94.

Les arbres, les branches, les haies et les racines qui avanceraient sur le sol des chemins ruraux seront coupés à l'aplomb des limites de ces chemins, à la diligence des propriétaires ou des fermiers.

Art. 95.

Si le propriétaire ou le fermier négligeait ou refusait de se conformer aux prescriptions qui précèdent, il en serait dressé procès-verbal, pour être statué par l'autorité compétente.

SECTION VI.

Fossés appartenant à des particuliers.

Art. 96.

Les propriétaires riverains ne pourront ouvrir des fossés le long d'un chemin rural à moins de 60 centimètres de la limite du chemin. Ces fossés devront avoir un talus d'un mètre de base au moins pour un mètre de hauteur.

Art. 97.

Tout propriétaire qui aura fait ouvrir sur son terrain des fossés le long d'un chemin rural devra entretenir ces fossés de manière à empêcher que les eaux ne nuisent à la viabilité du chemin.

Art. 98.

Si des fossés ouverts, par des particuliers sur leur terrain le long d'un chemin rural, avaient une profondeur telle qu'elle pût présenter des dangers pour la circulation, les propriétaires seront tenus de prendre les dispositions qui leur seront prescrites pour assurer la sécurité du passage ; injonction leur sera faite, à cet effet, par arrêté du Maire.

SECTION VII.

Etablissement d'ouvrages divers joignant ou traversant la voie publique.

Art. 99.

Les autorisations pour l'établissement, par les propriétaires riverains, d'aqueducs et de ponceaux sur les fossés des chemins ruraux, régleront le mode de construction, les dimensions à donner aux ouvrages et les matériaux à employer ; elles stipuleront toujours la charge de l'entretien par l'impétrant et le retrait de l'autorisation donnée, soit dans le cas où les conditions posées ne seraient pas remplies, soit s'il était constaté que ces ouvrages nuisent à l'écoulement des eaux ou à la circulation, soit si la suppression en était reconnue nécessaire dans un but quelconque d'utilité publique.

Art. 100.

Les autorisations de conduire les eaux d'un côté à l'autre du chemin prescriront le mode de construction et les dimensions des travaux à effectuer par les pétitionnaires.

Art. 101.

Les autorisations pour l'établissement de communications devant traverser les chemins ruraux, indiqueront les mesures à prendre pour assurer la facilité et la sécurité de la circulation.

Art. 102.

Les autorisations pour l'établissement de barrages ou écluses sur les fossés des chemins ne seront données que lorsque la surélévation des eaux ne pourra nuire au bon état de la voie publique. Elles prescriront les mesures nécessaires pour que les chemins ne puissent jamais être submergés. Elles seront toujours révocables sans indemnité, soit si les travaux étaient reconnus nuisibles à la viabilité, soit pour tout autre motif d'utilité publique.

Chapitre II.

Mesures de police et de conservation.

SECTION Ire.

Dispositions générales.

Art. 103.

Il est défendu d'une manière absolue :

1° De laisser stationner, sans nécessité, sur les chemins ruraux et leurs dépendances, aucune voiture, machine ou instrument aratoire, ni aucun troupeau, bête de somme ou de trait ;

2° De mutiler les arbres qui y sont plantés, de dégrader les bornes, poteaux et tableaux indicateurs, parapets des ponts et autres ouvrages ;

3° De les dépaver ;

4° D'enlever les pierres, les fers, bois et autres matériaux destinés aux travaux ou déjà mis en œuvre ;

5° D'y jeter des pierres ou autres matières provenant des terrains voisins ;

6° De les parcourir avec des intruments aratoires sans avoir pris les précautions nécessaires pour éviter toute dégradation ;

7° De détériorer les berges, talus, fossés ou les marques indicatives de leur largeur ;

8° De labourer ou cultiver leur sol ;

9° D'y faire ou d'y laisser paître aucune espèce d'animaux ;

10° De mettre rouir le chanvre dans les fossés ;

11° D'y faire aucune anticipation ou usurpation ou aucun ouvrage qui puisse apporter un empêchement au libre écoulement des eaux :

12° D'établir aucune excavation ou construction sous la voie publique ou ses dépendances.

Art. 104.

Les propriétaires des terrains supérieurs bordant les chemins ruraux sont tenus d'entretenir toujours en bon état les revêtements ou les murs construits par eux et destinés à soutenir ces terrains.

Art. 105.

Si la circulation sur un chemin rural venait à être interceptée par une œuvre quelconque, le Maire y pourvoirait d'urgence.

En conséquence, après une simple sommation administrative, l'œuvre serait détruite d'office et les lieux rétablis dans leur ancien état, aux frais et risques de qui il appartiendrait, et sans préjudice des poursuites à exercer contre qui de droit.

SECTION II.

Ecoulement naturel et dérivation des eaux.

Art. 106.

Les propriétés riveraines situées en contre-bas des chemins ruraux sont assujetties, aux termes de l'art. 640 du Code civil, à recevoir les eaux qui découlent naturellement de ces chemins.

Les propriétaires de ces terrains ne pourront faire aucune œuvre qui tende à empêcher le libre écoulement des eaux qu'ils sont tenus de recevoir et à les faire séjourner dans les fossés ou refluer sur le sol du chemin.

Art. 107.

L'autorisation de transporter les eaux d'un côté à l'autre d'un chemin rural ne sera donnée que sous la réserve des droits des tiers. Il y sera toujours stipulé pour la commune la faculté de faire supprimer les constructions faites, soit si elles étaient mal entretenues ou si elles devenaient nuisibles à la viabilité du chemin, soit dans le cas où tout autre intérêt public, quel qu'il fût, rendrait la mesure utile ou nécessaire.

SECTION III.

Mesures ayant pour objet la sûreté des voyageurs.

Art. 108.

Il est interdit de pratiquer, dans le voisinage des chemins ruraux, des excavations de quelque nature que ce soit, si ce n'est aux distances ci-après déterminées, à partir de la limite desdits chemins, savoir :

Pour les carrières et galeries souterraines, 8 mètres.

Les carrières à ciel ouvert, 5 mètres ;

Les mares publiques ou particulières, 2 mètres.

Les propriétaires de toutes excavations pourront être tenus de les couvrir ou de les entourer de murs ou clôtures propres à prévenir tout danger pour les voyageurs et toute dégradation du chemin.

Art. 109.

M. le Sous-Préfet de Villefranche, MM. les Maires, adjoints, commissaires de police, gendarmes, gardes-champêtres, directeurs des contributions directes, percepteurs, receveurs municipaux, sont chargés, chacun en ce qui le concerne de l'exécution du présent arrêté réglementaire, qui sera inséré au *Recueil des Actes administratifs de la Préfecture*, et publié dans toutes les communes du département par les soins de MM. les Maires, après avoir été approuvé par M. le Ministre de l'Intérieur.

Fait à Lyon, le 19 avril 1883.

Le Préfet du Rhône,

J. MASSICAULT.

Approuvé :

Paris, le 8 mai 1883.

Pour le Ministre de l'Intérieur :

Le Sous-Secrétaire d'État,

MARGUE.

TABLE DES MATIÈRES

Lyon.— Imp. Schneider frères.